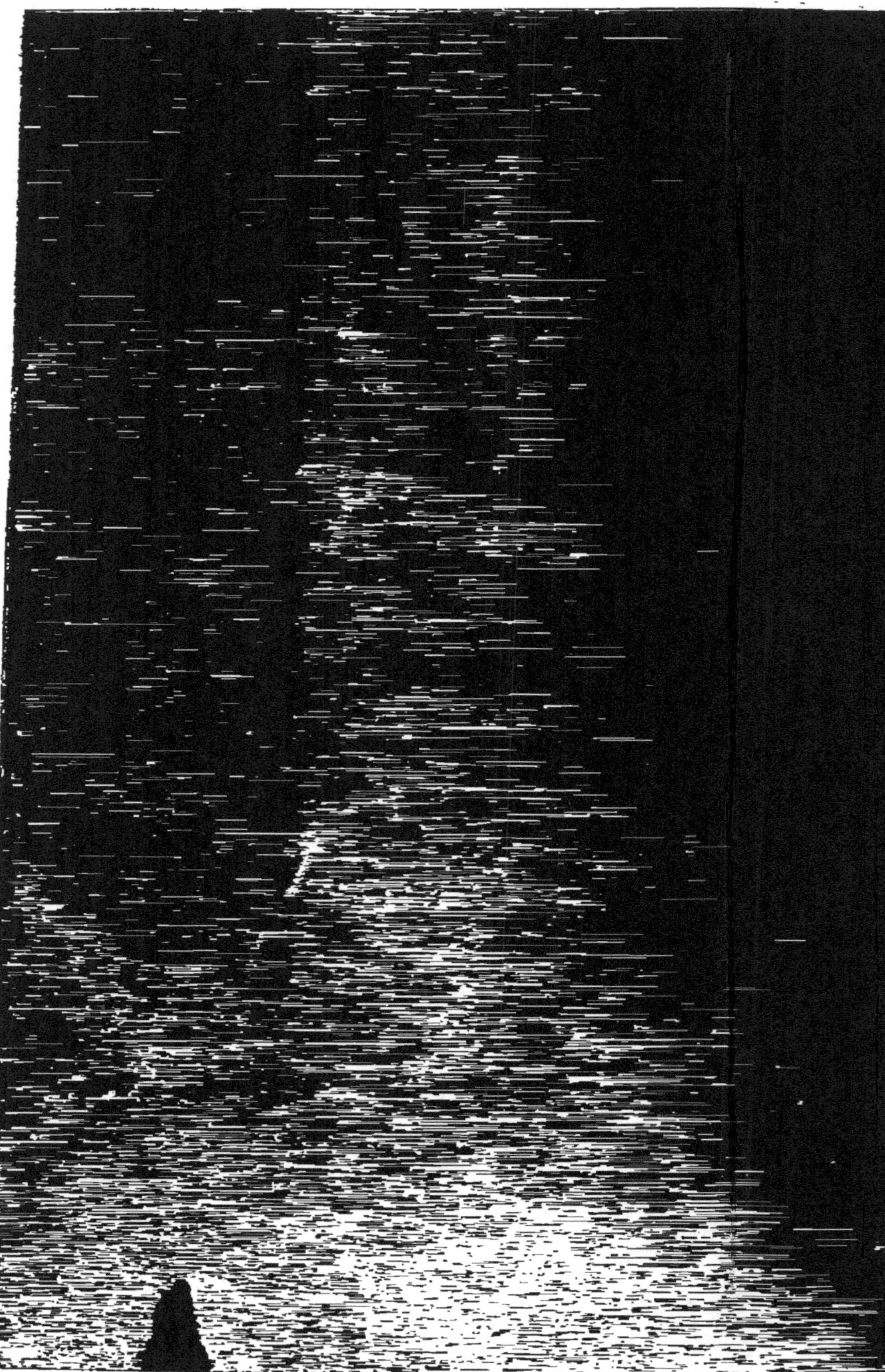

Mme GALLI-MARIÉ

MME GALLI-MARIÉ

Dans MIGNON

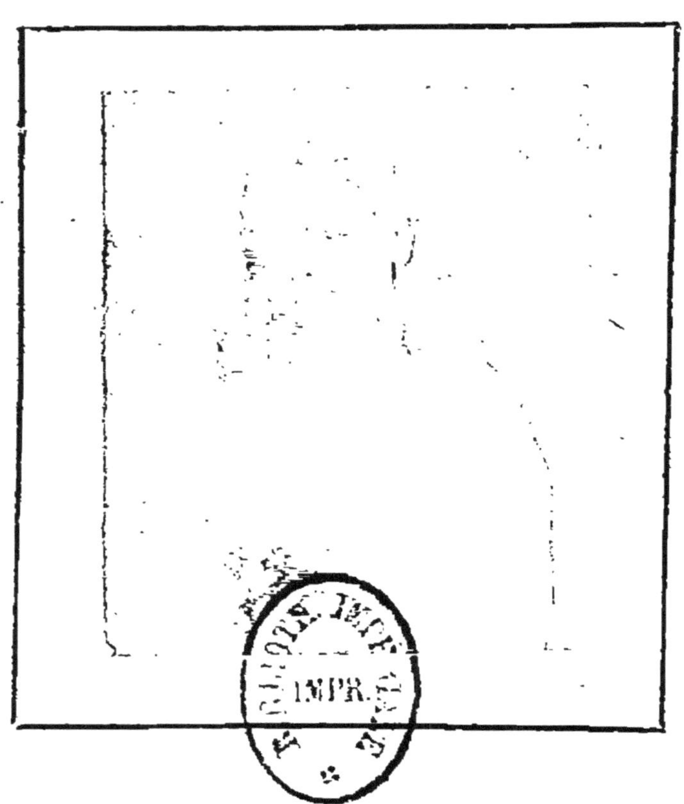

Portrait d'après nature

VICTOIRE, PHOTOGRAPHE

Mme GALLI-MARIÉ

PAR

ERNEST DE C***

(Photographie)

3o CENTIMES

CHEZ TOUS LES LIBRAIRES

Mme GALLI-MARIÉ

TOUTE biographie devrait commencer par une date, celle de la naissance ; mais lorsque la personne biographiée est une femme, cette révélation devient fort délicate à faire.

Les femmes sont intraitables sur le chapitre de l'âge ; elles ne peuvent se résigner à vieillir.

A ce propos, qu'on nous permette de raconter quelques anecdotes :

Dernièrement une drôlesse de la pire espèce, aux traits flétris et à la voix éraillée comparaissait devant le tribunal correctionnel avec lequel elle est en relations suivies.

— Votre âge ? demande le président.

— Vingt-huit ans.

— Comment ! vingt-huit ans ? reprend le président ; mais il y a trois ans à ce même tribunal vous avez déclaré avoir déjà vingt-huit ans, cela fait.....

— Eh bien? interrompt la drôlesse d'un ton superbe : « Je ne me démens jamais. »

Où la vanité va-t-elle se nicher?

Autre anecdote d'un tout autre monde.

Dans un salon des plus aristocratiques la conversation était tombée sur ce sujet délicat.

— Quel âge me donneriez-vous? demanda en minaudant une femme.

La personne interpellée tourna six fois sa langue avant de répondre, oubliant que la sagesse des nations prétend qu'il faut la retourner *au moins* sept fois :

— Mais, dit-elle, je vous donnerais bien vingt-cinq ans.

— Vous me les donnez, vous me les donnez, mais je ne les accepte pas.

Notez que la *jeune* femme en question avait doublé depuis quelques années le cap de la quarantaine.

De ce qui précède, nous voulons en venir à cette conclusion : que cette notice biographique devrait commencer par la date de naissance de Mme Galli-Marié, mais en est-il besoin ? Est-ce que la jeunesse en sa fleur ne s'épanouit pas sur le visage de l'aimable artiste !

A-t-elle atteint ou franchi d'un ou deux printemps la vingtième année? Je ne sais, mais qu'importe, Mme Galli-Marié comme femme est en pleine jeunesse, en pleine beauté ; comme artiste en plein talent, et à cette période fortunée où l'on fait moisson de succès et de bravos.

Mme Galli-Marié est une enfant de la *balle*, comme on dit en argot de coulisses.

Son père, M. Marié, a été pendant quelques années premier ténor à l'Académie impériale de musique : au lieu des fredons avec lesquels les nourrices endorment leurs poupons « dodo, l'enfant do, l'enfant dormira tantôt, » Mme Marié a été bercée avec des airs de grand opéra : elle a appris ainsi à chanter avant d'apprendre à lire.

Je pourrais — en les inventant — raconter plus d'une anecdote ayant pour but de démontrer que la vocation de l'enfant se trahissait dans les petits incidents de sa vie. Je préfère être simple et vrai.

On ne sait pas quel attrait exerce le théâtre sur ceux qui en vivent ; c'est une passion, une fièvre.

— Quel heureux temps ! me disait un vieux comédien, en me parlant de sa jeunesse. Je n'étais pas toujours payé, et il m'est arrivé plus d'une fois d'aller me coucher sans souper, mais quels succès ! quels bravos ! quels triomphes ! ah ! l'heureux temps que celui où j'étais si malheureux, mais si fêté ! !

Je suis très-convaincu que Mme Galli-Marié a subi cette influence qu'exerce le théâtre sur tous ceux qui pénètrent dans la vie intime des coulisses ; et qu'assistant à ces ovations faites aux artistes, elle a dû se dire plus d'une fois : « Moi aussi je serai artiste ! »

Après de sérieuses études musicales faites sous la direction de son père, Mme Galli-Marié alla s'essayer à Strasbourg, où pendant deux mois elle chanta dans les grands opéras les rôles de contralto ; elle chanta Fidès du *Prophète,* Léonore de la *Favorite,* etc. Son succès fut très-grand et lui valut un engagement à Toulouse, où pendant une année elle tint en chef le même emploi.

Cette année fut pour Mme Galli-Marié une série non interrompue d'ovations : à sa dernière représentation, elle fut littéralement bombardée par les Toulousains de couronnes et de bouquets ; il fallut une voiture entière pour emporter cette moisson de fleurs.

— On prétend, me disait-elle à ce sujet, qu'on dort à l'ombre de ses lauriers : — c'est une erreur ; on dort au contraire très-mal à cette ombre ; —j'en sais quelque chose. Cette nuit-là je ne pus fermer les yeux ; mais quels beaux rêves je fis tout éveillée et enivrée du parfum des fleurs qui tapissaient ma chambre !

Ces rêves ne les devine-t-on pas? A quoi peut rêver une artiste après une soirée d'ovations, si ce n'est à un avenir de triomphes et de succès! Rêves ambitieux qui ne se réalisent que pour les privilégiés de l'art; Mme Galli-Marié était de ceux-là.

L'ambition de tout artiste de province est d'arriver à Paris, car Paris seul consacre une réputation et met l'artiste en

vue : mais *non licet omnibus adire Co-*
rinthum, ce que nous traduirons pour la
circonstance : « Il n'est pas permis à
« tous de trouver un engagement sur
« une scène parisienne. » Les directeurs
se défient des renommées de province et la
plupart du temps préfèrent engager des
chanteurs vivant sur leur réputation
d'autrefois. Que d'écloppés possèdent
en ce genre les théâtres parisiens ! Et
qu'il nous serait facile ici de mettre
des noms propres.

La bonne étoile de Mme Galli-Marié
lui fut fidèle, et la favorisa dans cette
circonstance.

Le théâtre de Rouen eut, en 1862, l'idée de monter le premier en France l'opéra de Balfe, intitulé la *Bohémienne,* qui avait obtenu en Allemagne un immense succès. — La difficulté était de trouver une chanteuse capable de remplir le premier rôle : on songea à Mme Galli-Marié, alors libre et qui accepta.

Cette tentative du théâtre de Rouen, produisit une certaine impression à Paris, où Balfe avait déjà eu — avec des chances diverses — des opéras représentés : les critiques et quelques directeurs se rendirent à Rouen pour assister à la première de la *Bohémienne.*

Le succès de M^mc Galli-Marié fut immense, on la rappela à diverses reprises : et le rideau venait à peine de tomber sur une dernière ovation, que sur la scène elle était abordée par M. Perrin, alors directeur du théâtre de l'Opéra-Comique.

— Ma chère enfant, lui dit-il, lorsque d'ordinaire j'engage un artiste en province, je fais mes conditions, mais à vous, que je viens d'entendre et d'applaudir, je ne puis que dire : faites les vôtres, je les accepte.

Un peu interloquée par cette propo-

sition, Mme Galli-Marié se remit promp-
tement, et regardant M. Perrin avec ses
grands yeux au regard si limpide :

— Monsieur, lui dit-elle, je ne veux
point de surprise : j'accepte un engagement. Quant aux conditions, nous les
signerons après une première représentation à Paris.

Était-ce modestie ou confiance? Je ne
sais, mais si c'était de la modestie, elle
était exagérée ; si c'était de la confiance,
elle fut justifiée par le succès que
Mme Galli-Marié obtint à son début qui
eut lieu dans *la Servante-Maîtresse*.

Elle produisit une véritable sensation dans le monde artistique, et tous les critiques du lundi les plus autorisés et les plus célèbres, paraphrasèrent dans leurs feuilletons, le *Tu Marcellus eris*, ce qu'on peut traduire par « Vous serez une grande artiste. »

Mme Galli-Marié n'a pas fait mentir le pronostic : placée par ce début au premier rang, elle s'y est maintenue, et malgré les chances diverses des opéras qu'elle a créés, sa réputation n'a fait que grandir. Voici la liste de ces opéras : *Lara, Fior d'Aliza, Mignon, Robinson Crusoë* et la *Petite Fadette.*

Mme Galli-Marié a chanté sans désemparer Mignon « deux cents fois de suite » — ce chiffre en dit plus long que les plus longs éloges.

Cette création lui donna de grandes inquiétudes, dans lesquelles on reconnaît la véritable artiste.

— Je n'ignorais pas, me disait-elle, que le type de Mignon avait été popularisé par Ary Scheffer, et je songeais avec effroi que le public me comparerait à son insu avec la création du peintre. Là était pour moi la véritable difficulté ; la Mignon de Scheffer est maigre comme une ballade. J'étudiai les gravures dans lesquelles Ary Scheffer a représenté *Mignon,* je cherchai à reproduire l'expression de son visage, à deviner d'après les poses de ce modèle, ce que j'appellerai le mécanisme de ses mouvements. — Ai-je réussi? je ne sais.

Le public a répondu à cette question par des bravos : il est impossible, en effet, de se rapprocher plus complètement de son modèle que ne le fait M^{me}Galli-Marié. C'est bien la Mignon telle que le poète et après lui le peintre l'ont idéalisée; c'est bien la Mignon rêveuse regrettant sa patrie « le pays où fleurit l'oranger », interrogeant l'avenir et jetant de ses grands yeux noirs et mélancoliques un regard vers le passé qui n'est plus pour elle qu'un rêve obscur; c'est bien la bohémienne aux cheveux épars, tremblant éternellement sous la menace brutale du saltimbanque, qui lui fait exécuter la danse des œufs.

Nul artiste ne pousse plus loin que Mme Galli-Marié l'art plastique de la pose : elle est sur ce point inimitable : aussi a-t-elle une individualité qui lui est propre, une originalité toute particulière dans toutes ses créations.

Les détails de la mise en scène sont pour elle une affaire de la plus haute importance. En voici un exemp'e :

L'année passée, la première fois qu'elle a jouée à Lyon *les Dragons de Villars*, on lui remit à la répétition la baguette ornée de feuilles artificielles, avec laquelle Rose Friquet fait son entrée.

Après la répétition, Mme Galli-Marié s'adressant au régisseur :

— Ayez l'obligeance, lui dit-elle, de me procurer pour la représentation une baguette de bois vert.

— Comment ! mais la baguette que je vous ai donnée, est celle qui a toujours servi dans les *Dragons*.

— Peu importe, j'ai mes habitudes, mes manies si vous le voulez ; il me faut une baguette de bois vert, que je puisse casser et faire siffler : cette baguette m'est nécessaire , absolument nécessaire ; sans elle je manque tous mes effets ; avec elle je réponds du succès.

Le régisseur s'inclina comme on fait devant toute artiste dont les caprices sont des ordres ; mais voici le plaisant de l'anecdote : elle avait été ébruitée, et le soir même arrivèrent au contrôle, des quantités de baguettes envoyées à Mme Galli-Marié par ses admirateurs, qui avaient dévalisé le Parc à son intention.

Ils sont galants, on le voit, les Lyonnais! très-galants, lorsqu'il s'y mettent.

Ce qui est très-vrai, c'est que les Lyonnais ont pour Mme Galli-Marié une véritable passion : ses représentations ont été l'évènement du jour.

— L'avez-vous entendue?
— Elle est charmante!
— Adorable!
— Quelle artiste!
— Et quelle femme!

On prenait d'assaut le bureau de location — et il fallait, — cruelle nécessité!

— refuser du monde au contrôle. Demi-heure après l'ouverture des portes, la salle était bondée du haut jusques en bas.

En un mot : nous dirons pour termi-ner, en dérangeant pour la circonstance un vers célèbre :

Tout *Lyon* pour *Mignon* a les yeux de *Meister*.

ERNEST DE C.

Lyon. — Impr. du *Salut Public*. — Bellon, rue Impériale, 33.

AU BAT-D'ARGENT

GRANDE MAISON DE BLANC

9, Rue Impériale, 9

LYON

Grande mise en vente d'articles spéciaux en : Toile, Blanc, Linge de table, Mouchoirs, Rideaux, Linge confectionné, Lingerie , Dentelles , Bonneterie et Chemises.

Le privilége exclusif des Magasins du *Bât-d'Argent* est de pouvoir offrir des assortiments qu'on ne saurait trouver dans **aucune autre Maison**, et, en raison de l'Importance de leurs opérations, de vendre meilleur marché que qui que ce soit.

Tout achat fait dans les Magasins de la Grande Maison de Blanc *Au Bât-d'Argent*, qui laisse le moindre regret est ANNULÉ. — Toute Marchandise qui a cessé de plaire est ÉCHANGÉE OU REMBOURSÉE, au gré de l'acheteur.

JOURNAL
L'ARGUS ET VERT-VERT

BIOGRAPHIES

PARUS ET EN VENTE

Mme GALLI-MARIÉ.

M. LUCO.

Mme DE TAISY.

M. LATY.

Mlle DARTAUX.

M. MONTBAZON.

En préparation :

MONTBAZON.

PHOTOGRAPHIE

VICTOIRE

Rue St-Pierre, 22

LYON

BUREAU DES JOURNAUX

34, Rue Tupin, 34

JOURNAUX

LIBRAIRIE

Abonnement a tous les Journaux

SANS FRAIS

VENTE AU NUMÉRO DU JOURNAL

LA MODE ILLUSTRÉE

O

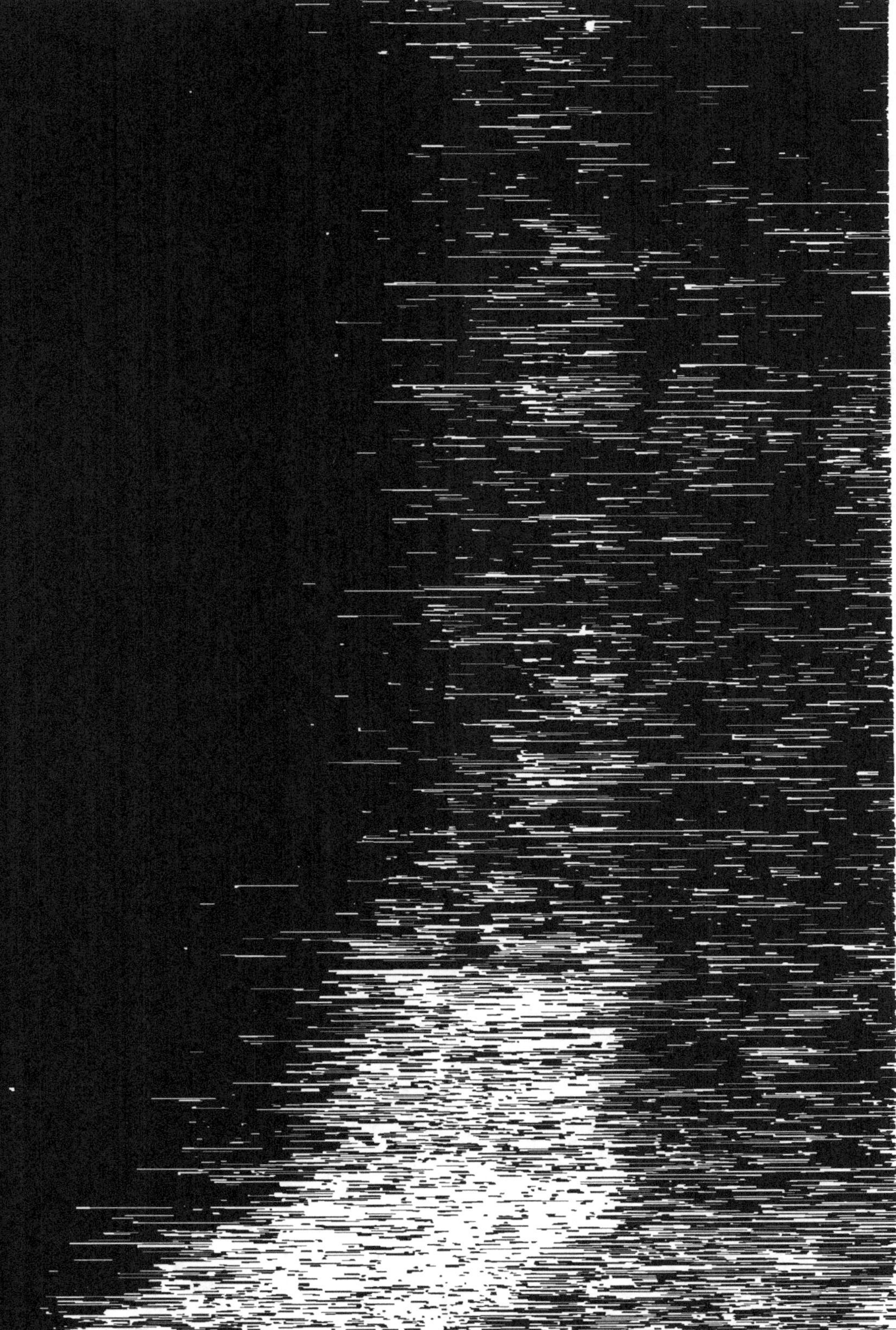